本杰明和塔西娅之友谊炼成记

【瑞士】卡琳·欧诺普/文

【瑞典】安妮卡·格林瓦尔特·斯菲逊/图

李云霞/译

中国农业出版社

·北京·

本杰明蜷缩在自己舒适柔软的小床上。他刚刚做了一个美梦，梦里有永远也吃不完的乳酪、火腿和香肠……

正当他尽情地做着美梦时，突然感到鼻子发痒，原来是清晨的第一缕阳光穿过地下室的窗缝，正好射在了他的小床上。

本杰明打着哈欠，伸了个大大的懒腰，接着就听到自己空空如也的小肚子咕咕地叫了起来！今天的早餐会是什么呢？

如同在本杰明的梦里一样，地下室里也常年储备着各种各样的美食：大块儿大块儿的乳酪、装在密封罐里的可口果酱，还有挂在顶棚上的美味火腿。

本杰明随手拿起一块乳酪，心满意足地咬了一大口。突然，他听到了一个愤怒的声音："嘿！你在我的房间里干吗呢？说你呢！"

本杰明吃惊地朝着说话声的方向望去——啊！是一位漂亮的老鼠小姐！！本杰明从未见过这位陌生的小姐，他茫然不知所措，过了好一会儿才惊愕地问道："您在说谁？不会是在说我吧？"

"我说的当然就是你！这里还有第三只老鼠吗？"老鼠小姐不客气地说道。

本杰明用小手抓了抓左耳朵——每当他认真思考时，都会下意识地做出这个动作。

然后，他环顾四周，结结巴巴地说道："没……没……除了我们俩，我谁也没看到。"

老鼠小姐愤怒地盯着他，喊道："我在问你，你究竟在我的房间里做什么？！"

本杰明渐渐地从慌乱中冷静了下来，以愤怒但却礼貌的口吻回问道："我已经在这个地下室里住了好多年了，从未见过您！这句话应该由我来问——您在这里做什么？"

老鼠小姐立即反击："你怎么敢这样跟我说话！我可是老鼠家族的塔西娅，自打出生就一直住在这座房子里。只不过，我不稀罕到这个破地下室来，我的卧室在楼上。"

"既然您这么不喜欢地下室，干吗不回到您的卧室里去？"本杰明依然礼貌地问道。

"你以为我愿意待在这里吗？我一秒钟都忍受不了！我漂亮的裙子都被这地下室给弄脏了！"

本杰明很吃惊，因为在他看来，自己的地下室一点都不脏啊！

塔西娅根本不给本杰明说话的机会，自顾自地继续说道："要不是因为昨天发生的不幸，我才不会到这里来！昨天，正当我梳理我那美丽的须毛时，突然听到一声恐怖的巨响，吓得我一哆嗦，不小心掉进了装脏衣服的竹筐里。正当我奋力向外爬时，一双巨手抓起了我和所有的脏衣服，塞进了一个大口袋。接着，这双手又拖着大口袋下了楼梯，最后把大口袋丢到了这个破地方……我被困在那个大口袋里好几个小时了，要不是我奋力往外爬，那些脏衣服一定会把我压得窒息的！"

"那么，既然您住在楼上，为什么要说这里也是您的房间呢？地下室是属于我的，而不是您的！"

塔西娅像吃了枪药一样回答道："整座房子都是属于我的，地下室作为其中一部分，当然也是我的！"

本杰明无可奈何地叹了口气，再一次用小手抓了抓左耳朵。突然，他想到了一个好主意："您看！我已经在这里住了很久，这里其实也是我的家。不如我们从今往后一起住在这里，您看怎么样？这间地下室足够大，完全可以容下我们两个，而且，这里的食物够我们俩吃上一辈子的。"

塔西娅一听，生气极了！眼前这个小子怎么敢提出要和她——美丽的塔西娅，住在同一个房间里？她深深地吸了一口气，号啕大哭起来。这是塔西娅的惯用伎俩，每当她想要达到某个目的时都会这样做，因为这个办法屡试不爽。

本杰明最受不了女孩子哭了，他不想再和她继续争吵下去，悻悻地从架子上取了些乳酪，装进了他的包裹里。

背起收拾好的包裹，本杰明吃力地从窗缝挤了出来，踏上了寻找新住所的旅途。然而，外面的世界并没有他想象得美好——直到天黑，本杰明都没有找到可以落脚的地方，夜里的冷风吹得他瑟瑟发抖，本杰明有些害怕了……

正当精疲力竭的本杰明开始绝望时，他看到不远处有一个小洞穴，便欣喜地爬了进去，不一会儿就睡着了。

睡到半夜，本杰明突然被一阵可怕的叫喊声惊醒。他心想：我是在做梦吗？还是真的有人在拼命喊叫？

不！本杰明发现这并不是梦！他猛地从枯树叶中跳起来，抓起一根粗树枝，拼命地朝着那可怜的喊叫声跑去。在跑过一段陡坡时，本杰明一不小心跌了下去，正好跌到了弗罗林——地下室的家猫的面前。紧接着，他被眼前的景象惊呆了——

眼前这只庞然大物的嘴巴中好像有个小东西正在苦苦挣扎。那小东西身上穿的黄裙子和红围巾让本杰明立刻认出那是塔西娅！天呐，这只家猫逮住了塔西娅！

来不及考虑太多，本杰明立即将手中的树枝朝着弗罗林的鼻子抛去。这只家猫被突如其来的袭击吓了一大跳，疼得咧开大嘴，"喵喵"地叫了起来。塔西娅随即大头朝下地跌进了草丛里。她慌忙拖起裙角，闪电般地钻进了灌木丛中的一个空罐子里。惊魂未定的她捂着嘴巴，颤抖地观察着外面的一切。

塔西娅看到，本杰明勇敢地朝着弗罗林冲去。

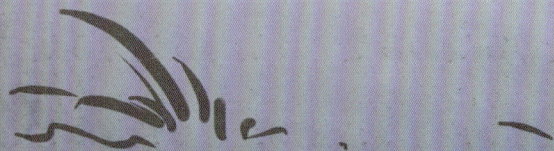

实际上，"勇敢"的本杰明内心非常慌乱，他此刻只想尽快摆脱弗罗林的魔爪，逃回家去。但是，愤怒的弗罗林对他穷追不舍。为了不成为弗罗林口中的美食，本杰明不得不灵敏地躲闪着身后的巨大猫爪。就在本杰明拼命地奔跑时，天边突然出现一道闪电，随之而来的是可怕的雷声。

让本杰明没有想到的是，闪电是身后这只家猫的大克星！弗罗林发出了惊恐的叫声，慌张地躲进了身后的角落里——那撕心裂肺的叫声把旁边的两只小老鼠吓呆了。

很快，本杰明反应过来，他和塔西娅必须借助这个机会脱身，一秒钟都不能耽误。

本杰明迅速地跳到了塔西娅藏身的罐子里，塔西娅正蜷缩在里面，整个身子都在不停地颤抖。本杰明吃力地将她从这个临时避难所中拖了出来。此刻的塔西娅还没能从巨大的惊恐中恢复过来，她目光呆滞，一点都动弹不得。本杰明只好把塔西娅扛到了自己的肩膀上，迅速地朝着远处的下水道跑去。这个下水道正通往他们的地下室。

当本杰明扛着塔西娅再次爬出下水道时，塔西娅仍然瞪着大大的眼睛，看起来有些神志不清，她貌似已经记不得刚刚发生了什么，也不清楚自己现在身在何处。本杰明先是小心翼翼地将塔西娅放到了地面上，忧心忡忡地注视着她，眼神不敢从她身上移走片刻。随后，本杰明拉着塔西娅，一起从窗缝挤进了地下室。

本杰明在货架上收拾出一处空位作为塔西娅的小床。塔西娅躺在上面一动不动，很快便陷入沉睡。本杰明将自己的小床调转了方向，方便自己随时观察塔西娅的情况。

躺在床上的本杰明久久不敢入睡，他一直担忧地盯着上面的塔西娅，直到他疲惫的双眼再也坚持不住，才昏昏沉沉地睡着了。

睡到半夜，本杰明突然从梦中惊醒，他揉着眼睛，坐在床上回忆了半天才理清刚刚在外面所发生的一切。然后，他朝着睡在上面的塔西娅望去，塔西娅此时正坐在自己的小床上，瞪着大大的眼睛，呆呆地盯着一个地方，额头上布满汗珠。

本杰明试着跟塔西娅说话，可她什么都听不进去。本杰明只好安抚她重新躺好，直到她再次入睡。

接下来的几天，塔西娅的情况并没有多少好转。她每天都是在昏睡中度过的，偶尔醒来也会大声地尖叫，久久不能平静。本杰明耐心地照顾着她的饮食起居。

这一天，本杰明在地下室里发现了一些红色玻璃碎片。他脑中立即出现了一个好点子——他要用这些碎片亲手为塔西娅制作一个风铃！

本杰明在角落里翻出了几根残留的蜡烛头，点燃了其中一根，把它托在手上，闪烁的烛光像变戏法一样使红色风铃在墙上映射出美丽的光芒。塔西娅总是目不转睛地盯着墙上的红光。不知为什么，每当她看到红光时都会安静下来。

一天清晨，当本杰明正睡眼惺忪地坐在床上伸懒腰时，他简直不敢相信自己的眼睛！塔西娅正哼着歌在他床前跳舞。当她发现本杰明已经醒来后，便立即来到他的面前。

"谢谢您，救了我的命！"塔西娅害羞地说道，"我之前那样无礼地对待您，实在是太糟糕了！可以原谅我吗？我竟然连您的名字都还不知道呢！我想对您说，我完全同意和您住在一起。当然，如果您还愿意的话。"

本杰明有些受宠若惊，他结结巴巴地说道："当……当然！我当然愿意和您一起住在这里！"塔西娅听后先是咯咯地笑了，随后变成开心地大笑。她还从未见过如此呆萌的小老鼠呢！

"那现在，您愿意告诉我您的名字吗？"

"本杰明！我的名字叫本杰明！"他毫不犹豫地回答道。

从此以后，本杰明和塔西娅便一起幸福地生活在地下室里。在温暖的夏日傍晚，他们俩会爬上高高的窗台，一起欣赏美丽的落日。

本杰明和塔西娅无比珍惜眼下的光景。自从他们俩开始和弗罗林一起分享地下室里的美食之后，这只家猫便好像失去了对老鼠的兴趣，而一心沉浸在地下室的美食中。

于是，两只小老鼠便和家猫结下了深厚的友谊。

有一个强大的朋友在身边，这真的是太棒啦！

Karin Norup 卡琳·欧诺普

　　1968年出生，长于巴塞尔。她目前和丈夫、女儿一起生活在瑞士的克里格斯特滕。她热爱生活和写作，创作了很多优秀的儿童故事，其笔下的小故事灵动有趣，让小读者爱不释手。

Annika Svensson　安妮卡·格林瓦尔特·斯菲逊

　　1972年出生，在瑞典的乌什胡尔特长大并在韦克舍学习了艺术。她是位自由艺术家，喜欢用油彩作画，并且喜欢描绘身处现实场景中的小动物的形象。她的作品让读者有身临其境的感觉，似乎真的在与画中的小动物嬉戏、对话。

冒险·智慧·温情

这些年，我读过的绘本不少，有国外引进的，也有国内原创的，主题丰富，形式各异。细细想来，还真的很少读到瑞典绘本创作者的作品。一提到瑞典，你会想到什么？海盗、冰冷还是林格伦的童话？在我的心目中，瑞典是一个充满奇幻和冒险精神的国度。果然，这套刚刚拿到手的"本杰明和塔西娅"系列绘本令我眼前一亮：奇幻的意境、冒险的故事、茂密的森林、皑皑的白雪，无不契合我对瑞典的诗意想象。

这套绘本的主题是幼儿友谊。友谊是幼儿同伴间主要的社会关系，是幼儿成长过程中心理健康发展的重要条件。随着年龄的增长，同伴对幼儿社会性的发展起到了越来越重要的作用，甚至超过了父母的影响作用。因此，让孩子学会交朋友、学会处理和同伴的关系，对每个家长来说都是一个至关重要的问题。事实上，真正重要的不是孩子有多少个朋友，而是他们至少拥有一两个经得起考验的"死党"。这是因为幼儿的友谊质量与他们的学校适应、孤独感、学校态度、学业成绩、攻击行为等有密切的联系。研究表明，没有好朋友的儿童显得更为孤独，好朋友可以成为低适应度儿童抵制孤独感的缓冲器。这套绘本中，两只小老鼠的友谊正是现实生活中幼儿交友的真实写照，我被绘本中曲折生动的情节深深吸引了，我相信幼儿看过之后会备感亲切。

这套绘本的文字量比较大，配图活泼鲜明，有着一波三折、跌宕起伏、引人入胜的故事情节，符合幼儿阅读的年龄特点，能够吸引幼儿的注意力，让幼儿不知不觉地走进故事情节中。而且从实际讲读效果来看，能够引起小读者浓厚的阅读兴趣。同时故事情境中设定的正面人物形象本杰明也会成为幼儿学习与模仿的榜样，对幼儿在现实生活中进行同伴交往起到一个良好的示范作用，如本杰明主动和塔西娅分享自己的房间，为了救助塔西娅，冒着生命危险与家猫作战……

这套绘本讲述了两只小老鼠本杰明和塔西娅从初次见面的"不打不相识"到彼此结下深厚友谊的故事。《本杰明和塔西娅之友谊炼成记》是这个系列的开篇，两只性格迥异的小老鼠在地下室中不期而遇，身为女孩的塔西娅强词夺理、略显霸道，身为男士的本杰明礼貌谦让、略感柔弱。但是正是这样一对欢喜"冤家"，却在危难时刻尽显真情。本杰明在塔西娅被家猫抓走时，奋不顾身地将小伙伴从猫嘴中营救了出来。两个小家伙由此化干戈为玉帛，成为了一对好朋友。更让人感动的是，受到惊吓的塔西娅因为"猫口脱险"事件导致心灵受到创伤，本杰明对好朋友不离不弃，充满爱心和耐心地呵护着塔西娅，为她疗伤，陪伴她渡过难关，恢复健康。

友爱都是相互的。在《本杰明和塔西娅之冰雪历险记》中，受到本杰明精心关爱的塔西娅为了营救身处危险中的本杰明展开了一场惊心动魄的援救行动。在这个故事中，我们看到了塔西娅的勇敢与智慧。她奋不顾身地追赶被蓝气球吹走的本杰明，她机智地咬破红气球靠近悬崖，她在身临绝境的时候懂得寻求他人的帮助，她由原来那个霸道自私的"小公主"成长为一个有勇气有担当的"女汉子"。这两只小老鼠经历千难万险，最终完美演绎作品"友爱互助"的价值内核。同时，围绕着这场紧张惊险的援救行动，热心的小刺猬马诺、攀岩高手小松鼠都慷慨伸出援手，展现出人与人之间的和谐与温馨。

我很欣赏绘本文字作者生动细腻的语言，她将人物的性格、曲折的情节、多变的环境描绘得淋漓尽致。我更佩服绘本图画作者充满震撼力的图画表现，运用油彩的创作技法，描绘身处现实场景中多姿多彩的小动物形象，用灵动的画面为读者营造出一种身临其境的直观感，具有强烈的动态与戏剧效果，巧妙地丰富了语言文字的意义空间。

冒险的故事，智慧的抉择，温情的流露都是吸引我们阅读这套绘本的理由。

姚颖 北京师范大学教育学部副教授
中国少儿阅读教育研究中心执行副主任

图书在版编目（CIP）数据

本杰明和塔西娅之友谊炼成记 /（瑞士）卡琳·欧诺
普文；（瑞典）安妮卡·格林瓦尔特·斯菲逊图；李云
霞译 .— 北京：中国农业出版社 , 2018.9
　　ISBN 978-7-109-24121-3

　　Ⅰ.①本… Ⅱ.①卡… ②安… ③李… Ⅲ.①儿童故
事－图画故事－瑞士－现代 Ⅳ.① I522.85

中国版本图书馆 CIP 数据核字 (2018) 第 088242 号

Published in its Original Edition with the title
Benjamins Abenteuer, written by Karin Norup, illustrated by Annika Svensson
Copyright ã Baeschlin, Glarus 2014
This edition arranged by Himmer Winco
© for the Chinese edition: China Agriculture Press

本书中文简体字版由北京永固兴码文化传媒有限公司独家授予中国农业出版社。

著作权合同登记号：图字 01-2017-2616 号

中国农业出版社出版

（北京市朝阳区麦子店街18号楼）

（邮政编码 100125）

责任编辑　马英连　杜美玉

鸿博昊天科技有限公司印刷　　新华书店北京发行所发行

2018年9月第1版　　2018年9月北京第1次印刷

开本：635mm×965mm　1/16　印张：2.25

字数：108千字

定价：39.80元

（凡本版图书出现印刷、装订错误，请向出版社发行部调换）